BEI GRIN MACHT SICH IHR WISSEN BEZAHLT

- Wir veröffentlichen Ihre Hausarbeit,
  Bachelor- und Masterarbeit

- Ihr eigenes eBook und Buch -
  weltweit in allen wichtigen Shops

- Verdienen Sie an jedem Verkauf

Jetzt bei www.GRIN.com hochladen
und kostenlos publizieren

Dana Michaelis

Das Leben und die Pädagogik Maria Montessoris (1870-1952)

GRIN Verlag

Bibliografische Information der Deutschen Nationalbibliothek:

Die Deutsche Bibliothek verzeichnet diese Publikation in der Deutschen National-
bibliografie; detaillierte bibliografische Daten sind im Internet über http://dnb.d-
nb.de/ abrufbar.

Impressum:

Copyright © 2011 GRIN Verlag GmbH
Druck und Bindung: Books on Demand GmbH, Norderstedt Germany
ISBN: 978-3-656-50148-0

Dieses Buch bei GRIN:

http://www.grin.com/de/e-book/233513/das-leben-und-die-paedagogik-maria-
montessoris-1870-1952

GRIN - Your knowledge has value

Der GRIN Verlag publiziert seit 1998 wissenschaftliche Arbeiten von Studenten, Hochschullehrern und anderen Akademikern als eBook und gedrucktes Buch. Die Verlagswebsite www.grin.com ist die ideale Plattform zur Veröffentlichung von Hausarbeiten, Abschlussarbeiten, wissenschaftlichen Aufsätzen, Dissertationen und Fachbüchern.

Besuchen Sie uns im Internet:

http://www.grin.com/

http://www.facebook.com/grincom

http://www.twitter.com/grin_com

Das Leben und die Pädagogik Maria Montessoris (1870-1952)

Gliederung

1. Lebenslauf

1870	Maria M. wurde in **Chiravalle/** Italien geboren
1876-1883	besuchte Maria die **Grundschule in Rom**
1883-1890	besuchte sie die **naturwissenschaftlich-technische Jungenschule**
1892	beginnt sie ihr **Medizinstudium**
1896	Promotion. Sie wurde die **erste Ärztin Italiens.** Als Assistentinsärztin machte sie viele wichtige Erfahrungen. So wurde sie auf die vernachlässigte Stellung behinderter Kinder aufmerksam. Ihr **Interesse für Pädagogik** wurde immer grösser, so dass sie erneut ein Studium begann.
1902	**Studium der Psychologie, Pädagogik und Anthropologie.**
1903	**lehrte sie vier Jahre lang als Professorin** und lernte dabei die damals praktizierte Schulpädagogik kennen.
1907	Sie nahm die Aufgabe an, die **unbeaufsichtigten Kinder aus Arbeiterfamilien in einem selbstgegründeten Kinderhaus** zu betreuen. Montessori ließ die Kinder mit ihren selbst entwickelten Methoden arbeiten.
1909	erscheint ihr erstes Buch: **„Die Entdeckung des Kindes."** Maria erlangte internationale Anerkennung. Von nun an widmete sie sich der Verbreitung ihrer Pädagogik. Durch den Faschismus wurde die Montessori-Pädagogik jedoch in Europa unterdrückt. Maria M. emigrierte nach Indien.
1949	**kehrte sie nach Europa zurück** und ließ sich in Holland nieder.
1952	**stirbt sie im Alter von 82 Jahren in Holland.**

2. Grundideen der Montessori-Pädagogik

Die Montessori Pädagogik ist ein reformpädagogisches Bildungsangebot, das sich pädagogisch und didaktisch am Kind orientiert und somit auch die Grundbedürfnisse des Kindes berücksichtigt. Die Montessori Pädagogik wird heute weltweit praktiziert, vor allem an Schulen und auch in Kinderhäusern. **Im Mittelpunkt der Montessori Pädagogik steht die individuelle und freie Entwicklung der Kinder.** Das Kind soll nach Montessori als vollwertiger Mensch angesehen werden. Sie sollen in ihren Entscheidungen gefördert und zum selbstständigen Denken angeregt werden. Der wohl bekannteste Satz von Montessori fasst diesen Grundgedanken prägnant zusammen: *„Hilf mir, es selbst zu tun!"* Grundsätzlich wird davon ausgegangen, dass ein Kind zum Guten strebt und durchaus gewillt ist etwas zu lernen. Das Kernstück der reformpädagogischen Bildung Montessoris ist die Freiarbeit, auf die ich später eingehen werde.

3. Zur Aktualität der Montessori-Pädagogik

- Seit 1990 wird in DL in ca. 600 Kindergärten, 300 Grundschulen und in über 100 Sekundarschulen das pädagogische Konzept Maria Montessoris durchgeführt.
- Die Mehrheit der Einrichtungen sind in freier Trägerschaft.
- Die Montessori-Pädagogik erfährt in DL in Theorie und Praxis eine ständig zunehmende Aufmerksamkeit. (z. B. durch PISA-Studien)
- (Der am einzelnen Kind und seinen Möglichkeiten orientierte Ansatz der Montessori-Pädagogik mit der individualisierenden Unterrichtsform) Und die „Freiarbeit" scheint angesichts der Unterschiedlichkeit der Erziehungs- und Bildungsvoraussetzungen bei Kindern durch die Lebensbedingungen in heutigen Gesellschaften besonders hilfreich zu sein.
- Sie wird eingesetzt für Kinder aller sozialen Schichten.

4. Montessoris Sicht des Menschen

Der Mensch als:

- **personales Wesen**, dessen kreativ-schöpferisches Element, „Aktivität und Freiheit" (Montessori 1995, S. 44), als „Geist" charakterisiert wird.

„Der gesamte Mensch entwickelt sich innerhalb eines geistigen Raumes." (Montessori 1972, S. 56)

- **einmaliges unverwechselbares Individuum.** Er ist aber zugleich "von Natur aus ein soziales Wesen". (Montessori 1979, S. 130)

→ Die Personalität des Menschen, die allen Menschen eigen ist und unabhängig von ihrer Rasse, Kultur, Religion oder ihrem Geschlecht, zeigt sich unter zwei Hauptaspekten: *der Individualität und der Sozialität.*

- **ein Wesen, was im Unterschied zum Tier in seinem Verhalten nicht festgelegt ist, sondern eine nahezu unbegrenzte Anpassungsfähigkeit und Weltoffenheit besitzt.**
- **Möglichkeitenkomplex.**
- **kulturabhängiges und kulturschaffendes Wesen.**
- **einmaliges Geschenk Gottes.**

→ Dem Menschen bei seiner je individuellen Entwicklung zu helfen, ist letztlich eine Form der Mitarbeit am göttlichen Schöpfungswerk

⟶ **Für Montessori ist der Mensch – wie man in Anlehnung an Pestalozzi formulieren könnte – Werk der Natur, Werk des Menschen (Gesellschaft) und Werk seiner selbst.**

„Baumeister seines Selbst"

5. „Polarisation der Aufmerksamkeit"

- Totale Konzentration eines Kindes auf einen selbst gewählten Gegenstand, die erst dann nachlässt, wenn die selbst gewählte Aufgabe gelöst ist.

Beispiel 3 jähriges Mädchen:

Montessori hat immer wieder in ihren Vorträgen und Schriften von einem Erlebnis berichtet, das sie bei der Arbeit mit den Kindern im Kinderhaus von San Lorenzo mit einem etwa dreijährigen Mädchen hatte. Es ist für sie ein Schlüsselerlebnis, weshalb ich dieses in ihrem Wortlaut einmal wiedergeben möchte:

→ VORLESEN

Montessori berichtet, dass dieses Phänomen immer wieder bei den Kindern auftrat. Später hat sie es auch bei Kindern unterschiedlicher Kulturen beobachtet.

Montessori war der Auffassung, dass das Kind begann, sich vollständig zu verändern, wenn eine solche Polarisation der Aufmerksamkeit stattfand. Ihren Beobachtungen zufolge *„wurde es ruhiger, fast intelligenter und mittelsamer. Es offenbarte außergewöhnliche innere*

Qualitäten, die an die höchsten Bewusstseinsphänomene erinnern, wie die der Bekehrung."
(Montessori 1979, S. 70)

6. Die „sensiblen Phasen"

Montessori geht von sensiblen Phasen eines Kindes aus. Diese Begrifflichkeit hat sie von dem holländischen Biologen Hugo de Vries (1848-1935) übernommen. Dieser hatte in der Entwicklung von Lebewesen Perioden besonderer Empfänglichkeit für die Aufnahme bestimmter Außenreize festgestellte, die jeweils einen biologischen Sinn haben.

Bienenbeispiel:
Bei Bienen entwickelt sich die Bienenkönigin aus einer Arbeitsbiene, aber nur dann, wenn ihr in einer bestimmten sensiblen Phase ihrer Entwicklung eine besondere Nahrung, der „königliche Brei", zugeführt wird (vgl. Montessori 1980b, S. 60ff.).

Die sensiblen Phasen nach Montessori beziehen sich auf eine bestimmte Periode im Leben des Kindes, in denen es für bestimmte Tätigkeiten besonders empfänglich ist. So gibt es zum Beispiel eine Phase, in der das Kind für den Spracherwerb sehr zugänglich ist. Wird dieser Bereich in der Periode nicht gefördert, verkümmert diese Fähigkeit und kann durch spätere Förderung nur äußerst schwer wieder aktiviert werden.

Im Folgenden sind die verschiedenen sensiblen Perioden aufgelistet, auf denen Montessori aufbaut:

0 bis 3 Jahre → Hohe Aufnahmefähigkeit für alle Umwelteinflüsse/ Sinneserfahrungen

1½ bis 3 Jahre → Sprachliche Entwicklung

1½ bis 4 Jahre → Koordination und Entwicklung der Muskulatur

2 bis 4 Jahre → Motorische Verfeinerungen, Erkenntnis von Wahrheit und Wirklichkeit, Verständnis von Raum und Zeit

2½ bis 6 Jahre → Sensibilisierung der Sinne

3 bis 6 Jahre → Empfänglich für Einflüsse der Erwachsenen

3½ bis 4½ Jahre →	Schreiben und Zeichnen
4 bis 4½ Jahre →	Entwicklung des Tastsinns
4½ bis 5 Jahre →	Lesen

7. Der neue Lehrer und Erzieher

Die Montessori – Pädagogen sollen sich als Helfer zur Entwicklung der selbstständigen kleinen Persönlichkeiten verstehen. Sie sollen nur eine Art Begleiter darstellen, der den Kräften des Kindes Raum gibt, indem er selbst zurücktritt. Sie sollen die Kinder mit Geduld an die Montessori – Materialien heranführen und diese vor allem in ihren Schwächen unterstützend und beratend zur Seite zu stehen. Den Kindern fällt es so auch leichter, Eigenverantwortung zu übernehmen. Laut Montessori muss das Kind frei sein, denn nur dann sei es möglich, ihm Wissen anzueignen und seine Fähigkeiten optimal zur Entfaltung zu bringen. Deshalb sollen die Erzieher und die Pädagogen den kleinen Menschen auf ihrem Weg durchs Leben die Freiheiten lassen, um wichtige Erfahrungen selbst sammeln zu können. Die Pädagogen sollen daher versuchen, „ eine Brücke zwischen ihrer Welt und der des Kindes zu schlagen". Für Montessori stehen drei Aspekte der Freiheit im Vordergrund, welche die Voraussetzungen für die freie Entfaltung der Kinder darstellen:

1. „ Freiheit der spontanen Äußerung"

2. „Freiheit in der Wahl des Materials"

3. „Freiheit der Bewegung"

8. Die „Freiarbeit"

Der Begriff der Freiarbeit wurde in der Zeit der Reformpädagogik geprägt. Die Freiarbeit soll sich am Kinde und dessen Entwicklungsphasen orientieren. Freiarbeit wird oft auch als freie Arbeit bezeichnet, sie ist vor allem in den Grundschulen zu einem wichtigen Bestandteil des Unterrichts geworden.

8.1. Die drei „relativen" Freiheiten

Nach Maria Montessori gehören zur freien Arbeit drei „relative" Freiheiten, die sich gegenseitig bedingen sollen:

1. „Freiheit des Interesses"

2. „Freiheit der Kooperation"

3. „Freiheit der Zeit"

Bei der „ **Freiheit des Interesses**", haben die Schüler die Möglichkeit, Aufgaben je nach individuellem Interesse selbst zu wählen. Die Schüler sollen ihre gelösten Aufgaben danach gegebenenfalls selbst kontrollieren können.

Bei der „ **Freiheit der Kooperation**" kann der Schüler selbst entscheiden, ob er die Aufgaben lieber alleine, oder in der Gruppe erarbeiten möchte. Durch die gemeinsame Gruppenarbeit wird zusätzlich die Gemeinschaft unter den Schülern gefördert. Die Schüler werden dazu aufgefordert, Rücksicht auf schwächere Mitschüler zu nehmen, und auf diese einzugehen und ihnen zu helfen. So lernen die Schüler hierbei den verantwortungsbewussten Umgang miteinander und zeigen „Bereitschaft zur Zusammenarbeit".

Bei der „ **Freiheit der Zeit**" , steht den Schülern genügend Zeit zur Bearbeitung der gestellten Aufgaben zur Verfügung. Je älter die Schüler werden, desto zeitaufwendiger sind die zu bearbeitenden Aufgaben gestaltet. Kinder wollen also nicht nur irgendetwas lernen, sondern zu einer bestimmten Zeit etwas ganz Bestimmtes.

Und somit ist die Freiarbeit nicht nur eine „ Unterrichtsmethode", sondern eine „ Schullebensform".

9. Der „absorbierende Geist"

Laut Montessori besitzt jedes Kind einen sogenannten „absorbierenden Geist", welcher für die individuelle und natürliche geistige Auffassungskraft des Kindes steht. In der Schule bedeute diese Montessori – Theorie, dass den Kindern ihrem Entwicklungsstand gemäßes Unterrichts – und Arbeitsmaterial zur Verfügung gestellt wird, was die individuelle Betreuung jedes einzelnen Kindes ermöglicht.

10. Integration

M. Montessori vertrat nie die Auffassung, dass behinderte und nichtbehinderte Kinder einer unterschiedlichen Pädagogik bedürfen:

„Der Weg, auf dem die Schwachen sich stärken, ist der gleiche, wie der, auf dem die Starken sich vervollkommnen."

Im Folgenden möchte ich kurz jene Aspekte der Montessori-Pädagogik nennen, die hauptsächlich zur gemeinsamen Erziehung von behinderten und nichtbehinderten Kindern beitragen können.

Die Kinder sind sich durch die **Erziehung in altersgemischten Gruppen** darüber im Klaren, dass es in einer Gruppe Kinder mit unterschiedlichem Entwicklungsstand und Auffassungsvermögen gibt und sie voneinander lernen können. Des Weiteren üben sie sich in Rücksichtnahme, Hilfestellung und Toleranzbereitschaft.

Jedem Kind wird es durch die **Beachtung der sensiblen Perioden und der Eigenaktivität** des Kindes ermöglicht, sich nach seinem individuellen Entwicklungstempo und Entwicklungsrhythmus zu entfalten. Das Kind erwirbt durch die Eigeninitiative beim Lernen Selbstständigkeit und Selbstvertrauen.

Die **vorbereitete Umgebung** gewährt dem Kind Spielraum für die freie Entfaltung, die individuellen Lernbedürfnisse und gibt Hilfestellung für die Entfaltung der inneren Ordnung des Kindes.

Durch die enthaltene **Fehlerkontrolle** beim Arbeiten mit dem Material erfährt das Kind eine unmittelbare Bestätigung mittels Erfolg- bzw. Fehlerrückmeldung und lernt aus eigener Erfahrung.

Auch am Leitsatz selbst: **Hilf mir es selbst zu tun!** wird es ersichtlich, dass die individuelle Entwicklung des Kindes im Vordergrund steht und die Erzieher nur als Helfer tätig werden.

11. Die „Kosmische Erziehung"

M. Montessori bezeichnet dieses Programm, das sie erst ab 1935 theoretisch und praktisch entfaltet hat, auch als „Grundstein der Schulerziehung" (Montessori 1988, S. 42). Seine Basis bildet eine umfassende Sicht von Mensch und Welt, die Montessori als „Kosmische Theorie" bezeichnet.

Montessori stützt sich für ihre Weltsicht wissenschaftlich auf eine Analyse beobachtbarer Phänomene in Natur, Kultur und Gesellschaft und deren Interpretation im Anschluss an die Evolutionstheorie. Sie fordert dabei eine neue Denkweise, welche die Vorherrschaft eines Denkens in linearen Ursache-Wirkung-Beziehungen ablösen soll und zeigt die Bedeutsamkeit von Gleichgewichtszuständen in der Natur auf. Dabei lassen sich zwei große Bereiche innerhalb der Evolutionstheorie unterscheiden, die in enger Wechselbeziehung zueinander stehen:

1. die Evolution der Natur
2. die Evolution von Menschheit und Kultur

Montessori entwickelt folglich eine umfassende Sicht des Universums als eine dynamische Einheit, in der in vielfältigen Wechselbeziehungen alles mit allem verknüpft ist.

12. Der Stundenplan

Die Richtlinien und Lehrpläne des Landes, die für alle Schulen gelten, sind auch für Montessori Schulen verbindlich. Trotzdem haben die meisten Montessori-Schulen einen etwas anderen Stundenplan als die staatlichen Grundschulen. Viele Grundschulen handhaben den Unterricht wie folgt:

Einlass: 7.15 Uhr

1.Block: 7.45 Uhr - 10.15 Uhr

Freiarbeit

Morgenkreis

Frühstück

Hofpause: 10.15 Uhr - 10.45 Uhr

2.Block: 10.50 Uhr - 13.45 Uhr

Fachunterricht; Klassenunterricht; Projektarbeit

Klassenunterricht

Im Klassenunterricht werden fachgebundene Themen gemeinsam erarbeitet. Dabei können Kinder im Kreise sitzen und zusammen mit der Lehrkraft das gerade Gehörte oder Gelesene besprechen und diskutieren. Im Vordergrund steht mehr die Entwicklung der eigenen Meinung und das kreative Denken, als das bloße Abfragen und Rezitieren von Wissen.

Projektarbeit: In der Montessori Schule wird kein isoliertes Wissen vermittelt. In Projekten können selbständig Versuche durchgeführt und Erfahrungen gesammelt werden. Den Kindern stehen Bücher, Anleitungen und die Hilfe der Lehrkraft zur Verfügung.

Lerninhalte

Die Lerninhalte sind die gleichen wie in einer staatlichen Schule, denn die Schulaufsicht hat auch hier das jeweilige Kultusministerium. Allerdings ist die Art und Weise, die Methode wie der Lernstoff erarbeitet wird, anders. Besonderer Wert wird in einer Montessori Schule auf **ganzheitliches Lernen** gelegt. Außerdem soll Selbsttätigkeit und selbstverantwortliches Handeln der Kinder gefördert werden.

Noten

Auf Leistungskontrollen und Noten wird in der Montessori Schule weitgehend verzichtet. Es gibt Beurteilungen in anderer Form, etwa intensive Lehrerbeobachtungen über das, was Kinder tun und wie sie sich entwickeln. Über diese individuelle Leistungsfähigkeit findet ein intensiver Austausch zwischen Eltern, Kindern und Lehrkräften statt. Auf diese Weise kann jedem Kind die erforderliche Hilfe angeboten werden.

Die Klassen

In der Montessori-Grundschule werden bis zu drei aufeinander folgende Jahrgänge in einem Klassenraum unterrichtet. Diese Jahrgangsmischung hat den Vorteil, dass Anregungen und Erfahrungen ausgetauscht werden können und das soziale Verhalten verstärkt wird. In der Regel steht eine zweite Lehrkraft pro Klasse zur Verfügung.

Tagesschule Blüemlisalp, Zürich

	Montag	Dienstag	Mittwoch	Donnerstag	Freitag
07:30-08:30	Ankommen und offener Beginn. Begrüßung und Empfang.				
08:30-09:00	WP	FA	MG	FA	FA
09:00-10:00	FA	FA	MG / FA	FA	FA
10:00-10:30	Pause				
10:30-11:00	MGU	MGU	FA	MGU	MGU
11:00-12:00	FA	FA	FA / CHO	FA	FA
12:00-12:30	Französisch	Englisch	Englisch	Französisch	Englisch
12:30-13:00	Mittagessen				
13:00-14:00	ST / HA	ST / HA	ST / HA / IU	ST / HA	ST / HA / WA
14:00-15:00	K / FA	K / BTG		K / FA	Schwimmen
15:00-16:00	FL / BTG	BTG / Turnen		FL / BTG	Schwimmen
16:00-16:30	Zvieri	Turnen		Zvieri	Zvieri
16:30-17:00	Ausklang	Turnen		Ausklang	Ausklang
17:00-18:00	Abschied	Abschied		Abschied	Abschied

Ankommen und offener Beginn. Begrüßung und Empfang.

FA   **Freiarbeit**, geleitetes Arbeiten zur Sinneswahrnehmung, Sprachentwicklung, Mengenlehre, Mensch und Umwelt

Die Fächer Deutsch, Mathematik und Kosmische Erziehung, können in der Freiarbeit von 08:30 bis 10:00 Uhr und 11:00 bis 11:45 Uhr individuell eingeteilt werden, die Lernenden entscheiden dies selbst.

MGU	**Mensch, Gesellschaft, Umwelt** (Kosmische Erziehung), Inputlektion, Themenerarbeitung, stiller Kreis, Vortrag etc.
BTG	**Bildnerisches** und **Technisches/Textiles Gestalten**
Mittagessen	Kinder und Lehrpersonen essen gemeinsam
ST	**Stille Tätigkeit**, individuelle Erholungsphase oder Siesta
K	**Klassenrat** dient der Organisation, Planung, Ideenaustausch etc.
Pausen	**Pausen** sind individuell organisiert. Die Grosse ist verbindlich, für alle im Freien
WA	Wochenabschluss, Wochenziele, Wochenpläne, Hängeregister werden kontrolliert, fertige Arbeiten
IDA	Individuelle Angebote wie Basteln, Malatelier etc.
MG	Musikalische Grundausbildung
FL	Flötenunterricht für interessierte Schüler
IU	Instrumentalunterricht für angemeldete Schüler
CHO	Chorsingen
WP	Gemeinsame Wochenplanung
HA	Hausaufgaben werden während dieser Zeit in der Schule erledigt (sind verbindlich)
Turnen	**Turnen** in der Halle mit Geräten und diversen Spielen
Zvieri	**Zvieri** im Haus oder im Freiem, Kinder und Lehrpersonen essen gemeinsam
SK	**Schlusskreis**, Wochenpläne werden eingetragen. Austausch und Präsentation des Gelernten
Ausklang	Kinder und Lehrpersonen räumen gemeinsam auf und gestalten die vorbereitete Umgebung
Abschied	Individuelle Beschäftigung mit Betreuung und Verabschiedung

13. Die „vorbereitete Umgebung"

Die vorbereitete Umgebung dient dazu, dem Kind die Möglichkeit zu geben, sich nach und nach vom Erwachsenen zu lösen, von ihm unabhängig zu werden, was einer indirekten Erziehung entspricht. Daher muss die Umgebung des Kindes nach M. Montessori angemessen sein. So ist die Einrichtung in einem Montessorikinderhaus bzw. Schule auf die Proportionen des Kindes abgestimmt. Stühle und Tische können von den Kindern selbst getragen werden. Weil das Rücken der Stühle anfangs Krach macht, geht Montessori davon aus, dass dies der Schulung der Motorik der Kinder dient. Die Kinder können sich den Ort aussuchen, an dem sie arbeiten möchten. Die Umgebung ist schön und elegant, in Kinderhäusern wird zerbrechliches Porzellan verwendet. Das Kind soll dadurch Geschicklichkeit und Wertschätzung für die Dinge erlernen. Die Verantwortung für die vorbereitete Umgebung liegt in den Händen des Erziehers, die Kinder sind angehalten sie zu pflegen.

14. Die Montessori-Materialien

Wie alles in der Montessori-Pädagogik, zielt der Umgang mit den Materialien auf eine innere Ordnung des Kindes (bei Montessori auch „Normalisierung" genannt) ab. Das Material lässt Freiräume. Es soll Aktivität auslösen und nicht nur zur Reaktion animieren. Das Material steht frei, in Augenhöhe der Kinder, im Regal. Es hat Aufforderungscharakter. Jedes Material ist nur einmal da. Die Kinder sollen so soziales Verhalten durch Rücksichtnahme auf andere Kinder erlernen. In speziellen Vorträgen und Einführungen in das Material werden die Erzieher/ Lehrer dazu angehalten, das Material selber auszuprobieren. Die Arbeit mit dem Material hat meist kein eindeutiges Ende. Generell gibt es folgende zentrale Punkte des Materials:

1) Das Material fordert nur zu begrenzten Übungen auf. Es wird nur ein Teil eines komplexen Sachverhalts angesprochen und verinnerlicht.

2) Die Kinder können ihre eigenen Fehler selber bemerken und korrigieren.

3) Das Material ist so konzipiert, dass seine Verwendung leicht erkennbar ist und eine Einführung des Lehrers/ Erziehers nur in geringem Maße von Bedeutung ist.

Beispiele:

Es gibt zum Beispiel das Sinnesmaterial. Bei diesen Übungen wird nur ein isolierter Sinn angesprochen, in dem sich die Aufmerksamkeit sammelt. Eigenschaften, wie Farbe, Größe und Form sollen nicht durch Begriffe erlernt, sondern durch die Sinne entdeckt werden. Die in den Übungen angesprochenen Dinge und Eigenschaften kennen die Kinder bereits aus ihrem Alltag, jedoch sind sie ihnen nur als diffuse Eindrücke bekannt.

Mit Hilfe der Isolation der Eigenschaften sollen nun die Dinge geordnet und geklärt werden. Das Kind lernt seine Umwelt besser zu verstehen.

Im folgenden Abschnitt werde ich einige Beispiele zu den Sinnesmaterialien geben:

Die Farbtäfelchen:

Es gibt einen Kasten mit 6 Holztäfelchen. 2 Täfelchen sind gelb, 2 rot und 2 blau. Zum leichteren Anfassen sind kleine Holzleisten am Rand jedes Täfelchens angebracht. Das Kind hat nun die Aufgabe jeweils die Täfelchen mit der selben Farbe zu Paaren zuordnen. Bei dieser Übung wird ausschließlich die Eigenschaft der Farbe angesprochen. Die Unterscheidung der Farben wird geschult. Außerdem wird die Aufmerksamkeit für Farbunterschiede geweckt. Es gibt für die weitere Übung größere Kästen mit 18 oder 22 Täfelchen, deren Farben sehr fein abgestuft sind.

Die Kommode mit 6 Schubladen:

Es gibt eine Kommode mit 6 Schubladen. Jede Schublade enthält unterschiedliche geometrische Formen aus Holz. So sind z.B. in der 1. Schublade Kreise, in der 2. sind Rechtecke, in der 3. Dreiecke , in der 4.Quadrate, in der 5. Trapeze und in der 6. Vielecke. Die Schubladen werden entleert und die Formen gemischt. Das Kind fährt die Form eines jeden Gegenstands mit Zeige- und Mittelfinger nach und ordnet es wieder den einzelnen Schubladen zu. Dabei wird das Auge und der Tastsinn geschult. Auf den ersten Teil der Übung folgt ein zweiter:

Es gibt Karten, auf denen ein geometrischer Gegenstand auf verschiedene Weise abgebildet ist.

Bsp.: Das Kind hat nun die Aufgabe, die Holzstücke auf die passenden Karten zu legen. Hier wird das Auge geschult und die Abstraktionsfähigkeit gefördert.

Die Einsatzzylinder:

Über die Sinne – hier bei den Einsatzzylindern insbesondere den visuellen Sinn und den Tastsinn – lassen sich bestimmte Lernziele direkt begreifen: Neben der Schulung der Motorik schulen Kinder mit den Einsatzzylindern die Größenwahrnehmung und bekommen ein Gespür für Hohlraum und Körpervolumen. Durch Betrachten, Vergleichen, Ertasten erfahren sie direkt am Material, was Breite, Länge, dick und dünn ist und wie es sich anfühlt. Zudem lernen Kinder elementare Eigenschaftswörter bzw. Gegensatzpaare wie dick/dünn, lang/kurz, hoch/niedrig, dick/dünn, schmal/breit, flach/ tief etc.

Die roten Stäbe:

Es gibt 10 rote Holzstäbe, die sich in ihrer Länge unterscheiden. Der längste Stab ist 1 m lang, der kürzeste 10 cm. Bei dieser Übung kann der Umgang mit dem Material sehr flexibel sein. Die Stäbe können der Reihenfolge nach geordnet werden, oder so gelegt werden, dass die Länge von 2 aneinander liegenden Stäben zusammen der Länge eines anderen Stabs entspricht etc. Das Kind erkennt dadurch die Reihenfolge der Abstufung und es wird zugleich das mathematische Verständnis gefördert. Es kann beispielsweise erkennen, dass 2x der 2. Stab= der Länge des 4. Stabs entspricht.

geometrische Körper:

Verschiedene geometrische Körper und Flächen zum Befühlen, Begreifen und Kennenlernen der geometrischen Formen. Erst lernen die Kinder, die einzelnen Körper zu unterscheiden, später zu benennen und in Gruppen, z. B. nach Grundflächen, Anzahl der Kanten, usw. zu ordnen. Auch wenn es um Geometrie, Oberflächen- oder Volumenberechnung geht, werden die Körper als Hilfsmittel verwendet.

Die Treppe:

Die braune Treppe besteht aus 10 braunen Quadern, die alle 20 cm lang sind, sich im Umfang unterscheiden. Der dünnste Quader ist 1 cm breit, hat also einen Umfang von 4 cm, der nächst dickere hat eine Breite von 2 cm, also einen Umfang von 8 cm, der dritte hat eine Breite von 3 cm, einen Umfang von 12 cm ......der dickste eine Breite von 10 cm, einen Umfang von 40 cm. Die Eigenschaften "dick" und "dünn" sind offensichtlich, sie werden automatisch begriffen, wenn mit dem Material gearbeitet wird.

Die richtigen Worte dazu werden in der **Drei-Stufen-Lektion** gelehrt. Schon bald kann das Kind seine Kenntnisse auf draußen übertragen: beim Spaziergang findet man einen dicken Ast, einen dünnen Ast, dann einen ganz dicken ....

Das Ziel ist wie gesagt, dem Chaos Ordnung zu vermitteln. „Das Kind drängt aus seiner Dumpfheit zur Klarheit"

15. Die Religion

Maria Montessori war eine gläubige Katholikin. Bei Montessori soll das Kind auf jegliche Art von religiöser Bildung vorbereitet werden. Sie ist überzeugt, dass ein starker, innerlich ruhender Mensch eher dazu bereit ist, die göttliche Gnade zu empfangen. Da nun alle ihre Übungen das Ziel haben eine starke, geordnete Persönlichkeit aufzubauen, bereitet jede Übung im gewissen Maßen auf die Religiosität vor. Konkreter wird dies jedoch in den Übungen umgesetzt, die die Sensibilisierung des Gewissens anstreben. Die Übungen der Stille bereiten zum Beispiel auf das Gebet vor, koordinieren die Bewegungen des Kindes und tragen zur Festigung der inneren Sammlung bei. Maria Montessori geht davon aus, dass Kinder von Geburt an eine religiöse Bindung haben. Eine entsprechende Umgebung ist für sie daher zwingende Voraussetzung. Nur wenn die Umwelt die Religion in das Leben mit einbezieht, kann sich das religiöse Organ des Kindes entwickeln. Es ist demnach förderlich nach Montessori, wenn die Eltern die Religion praktizieren und das Kind mit in die Kirche nehmen. Montessori versucht durch religiöse Materialien, es den Kindern zu ermöglichen, ihrem Glauben freien Ausdruck zu geben, so wie es ihren Empfindungen entspricht. In den Einrichtungen gibt es meist ein Atrium, oder einen bestimmten Teil des Raumes, in dem sich diese Materialien befinden. Dort finden die Kinder Bilder und Statuen von zentralen Figuren der Bibel, sie können das Ave-Maria lernen, die 10 Gebote, die wichtigsten Geschichten, etc. Auch wenn es ein Anliegen ist, dem Bedürfnis nach Religion nachzugehen, wird kein Kind zur religiöser Bildung gezwungen.

16. Bekannte Montessori-Schüler

- Anne Frank: 6e Montessorischool Anne Frank in Amsterdam, Niederlande; war ein jüdisches deutsches Mädchen, das während des Zweiten Weltkriegs im niederländischen Exil seine deutsche Staatsangehörigkeit verlor und kurz vor dem Kriegsende dem nationalsozialistischen Völkermord zum Opfer fiel. Zuvor hatte sie sich mit ihrer Familie in einem Hinterhaus in Amsterdam versteckt gehalten, wo sie ihre Erlebnisse und Gedanken in einem Tagebuch niederschrieb.

  Das nach dem Krieg von ihrem Vater Otto Frank veröffentlichte Tagebuch der Anne Frank gilt als ein historisches Dokument aus der Zeit des Holocaust und die Autorin als Symbolfigur für alle Opfer der Vernichtungspolitik der Nationalsozialisten.

- Tom Gerhardt: Montessori-Grundschule Köln; ist ein deutscher Komiker und Schauspieler.

- Arno Gruen: Theodor-Herzl-Schule in Berlin; ist ein deutsch-schweizerischer Schriftsteller, Psychologe und Psychoanalytiker, dessen Wahlheimat, nach Jahrzehnten in den USA, Zürich geworden ist.
- Heike Makatsch: Montessori-Grundschule Düsseldorf; ist eine deutsche Schauspielerin, Sängerin, Autorin und Fernsehmoderatorin.
- Herman van Veen: Montessorischool in Utrecht, Niederlande ist ein niederländischer Sänger, Violinist, Schriftsteller, Liedertexter und Liederkomponist.

17. Fazit

Maria Montessori hat ein pädagogisches Konzept erstellt, welches großen Erfolg zeigte. Viele ihrer Elemente wurden auch in Regelschulen eingeführt. Ihr Grundkonzept basiert auf der Annahme, dass Kinder von Natur aus zum Guten und zur Weiterentwicklung streben. Das Kind wird ganzheitlich angesprochen, das heißt, dass es sowohl mit dem Körper, als auch mit dem Verstand Dinge aufnimmt und lernt. Des Weiteren legt Montessori viel Wert auf das Prinzip der Altersmischung, das auch die Jena-Plan-Schulen des Reformpädagogen Peter Petersen kennzeichnet, wovon wir nächste Woche mehr hören werde. Verschiedenartigkeit (Heterogenität) ist für Montessori wie für andere Reformpädagogen didaktisch und pädagogisch wertvoller als Gleichartigkeit (Homogenität). Das Ziel ist es, den Kindern die Möglichkeit zu geben, die Umwelt zu ordnen und eine innere Ruhe zu erreichen. Sie sollen zur Selbstständigkeit geführt und somit auf das Leben vorbereitet werden. Die Schule darf nicht lediglich *„eine Einrichtung der Wissensvermittlung"* darstellen, sondern muss vielmehr *„als eine Vorbereitung auf das Leben"* verstanden werde. So kann Erziehung von Anfang an nur verstanden werden als Hilfe zur Selbsthilfe. *„Hilf mir,es selbst zu tun!"*.

18. Quellenangabe:

- **Ludwig, Harald: Motessori-Schulen und ihre Didaktik. Basiswissen Grundschule. Baltmannsweiler: Schneider Verlag Hohengehren 2004.**
- Oswald, Paul / SchulzBenesch, Günter (hrsg.): Grundgedanken der Montessori-Pädagogik – Aus Maria Montessoris Schrifttum und Wirkkreis zusammengestellt, 18. Auflage, Freuburg 2002.
- Schäfer, Claudie: Montessori für zu Hause. München: Deutscher Taschenbuch Verlag 2002.

- Berger, Manfred: Clara Grunwald. Wegbereiterin der Montessori-Pädagogik. Frankfurt am Main: Brandes & Apsel Verlag GmbH 2000.
- Winfried Böhm, Birgitta Fuchs: Erziehung nach Montessori. Bad Heilbrunn 2004.

Weblinks:

- Montessori Dachverband Deutschland e.V.
- montessori.de   deutschsprachiges   Informationsportal   mit   umfangreicher Linksammlung

19. Diskussionsfragen:

1. Können im Rahmen solcher hauptsächlich freien Arbeitsweise jungen Menschen die in der gegenwärtigen Gesellschaft erforderlichen Leistungen und die notwendige Leistungsbereitschaft erreichen oder ist dazu ein Vorherrschen straff organisierter, lehrgangsartiger Unterrichtsformen unter der direkten Steuerung und Kontrolle des Lehrers besser geeignet?
2. Wie steht ihr zu Maria Montessoris Aspekten bezüglich der Integration?

3. Welche Vorteile und Nachteile ergeben sich eures Erachtens durch die Montessori-Pädagogik?